LA
FLANDRE ROUGE

MARCEL WYSEUR

———

LA
FLANDRE ROUGE

POÈMES

PRÉFACE D'ÉMILE VERHAEREN

———⋙◦◦◦◦◦◦⋘———

PARIS

LIBRAIRIE ACADÉMIQUE
PERRIN ET Cie, LIBRAIRES-ÉDITEURS
35, QUAI DES GRANDS-AUGUSTINS, 35
1916

IL A ÉTÉ IMPRIMÉ
DEUX EXEMPLAIRES NUMÉROTÉS
SUR PAPIER
DE HOLLANDE VAN GELDER

LETTRE-PRÉFACE

MON CHER CONFRÈRE MARCEL WYSEUR,

N'eussiez-vous écrit que cet admirable poème *La Morte*, que vous me seriez cher entre tous.

> « Avec des soins pieux, entre les planches roides
> On la déposera, tel un grand lys fauché,
> Après avoir croisé
> Sur sa poitrine vide ses mains froides,
> Et mis entre ses doigts son chapelet usé.
> Et puis ce sera tout. Les lourds marteaux funèbres
> L'enfermeront dans les ténèbres,
> Dans le silence et le passé. »

Cela est simple, intime, douloureux et fatal. D'autres pièces, *Les Disparus*, *La Mort Ingrate*, *Les Blés de Flandre*, *L'Hallali*, m'enthousiasment encore. En toutes, je rencontre cette qualité très rare : le rythme. Vos strophes marchent ou s'immobilisent, se traînent ou volent. Elles ont une

I

âme indépendamment des mots qu'elles renferment. Elles n'obéissent point à des formules ni à des prescriptions défuntes. Elles trouvent leur raison d'obéir dans la vie qu'elles propagent.

Et puis, vous portez la Flandre en vous. Elle est dans vos yeux qui regardent, dans vos oreilles qui entendent, dans vos doigts qui écrivent. Elle coule en votre sang et pense en votre cerveau. Tout ce qui la distingue des autres pays est entré dans votre art; vous la célébrez avec tendresse et force. Vous connaissez l'orgueil qu'elle a dans le cœur et les larmes qu'elle a dans les yeux. Dans chacune de vos phrases, je la sens qui respire, qui pleure, qui chante et qui espère.

Soyez remercié, mon cher poète, de me l'avoir fait aimer plus encore que je ne l'aimais.

ÉMILE VERHAEREN.

Saint-Cloud, semaine de Pâques, 1916.

UN POLYPTYQUE.

FURNES

à Franz Hellens.

FURNES

« Ce qu'il en restait était une très curieuse figure de
petite ville vieillotte, lointaine, archaïque, cité humi-
liée, mais qui se souvient, qui semble mettre une sour-
dine à son activité, à ses plaisirs, pour ne pas troubler
le sommeil de ses somptueux ancêtres. »

(MARGUERITE BAULU, *L'Abbaye des Dunes.*)

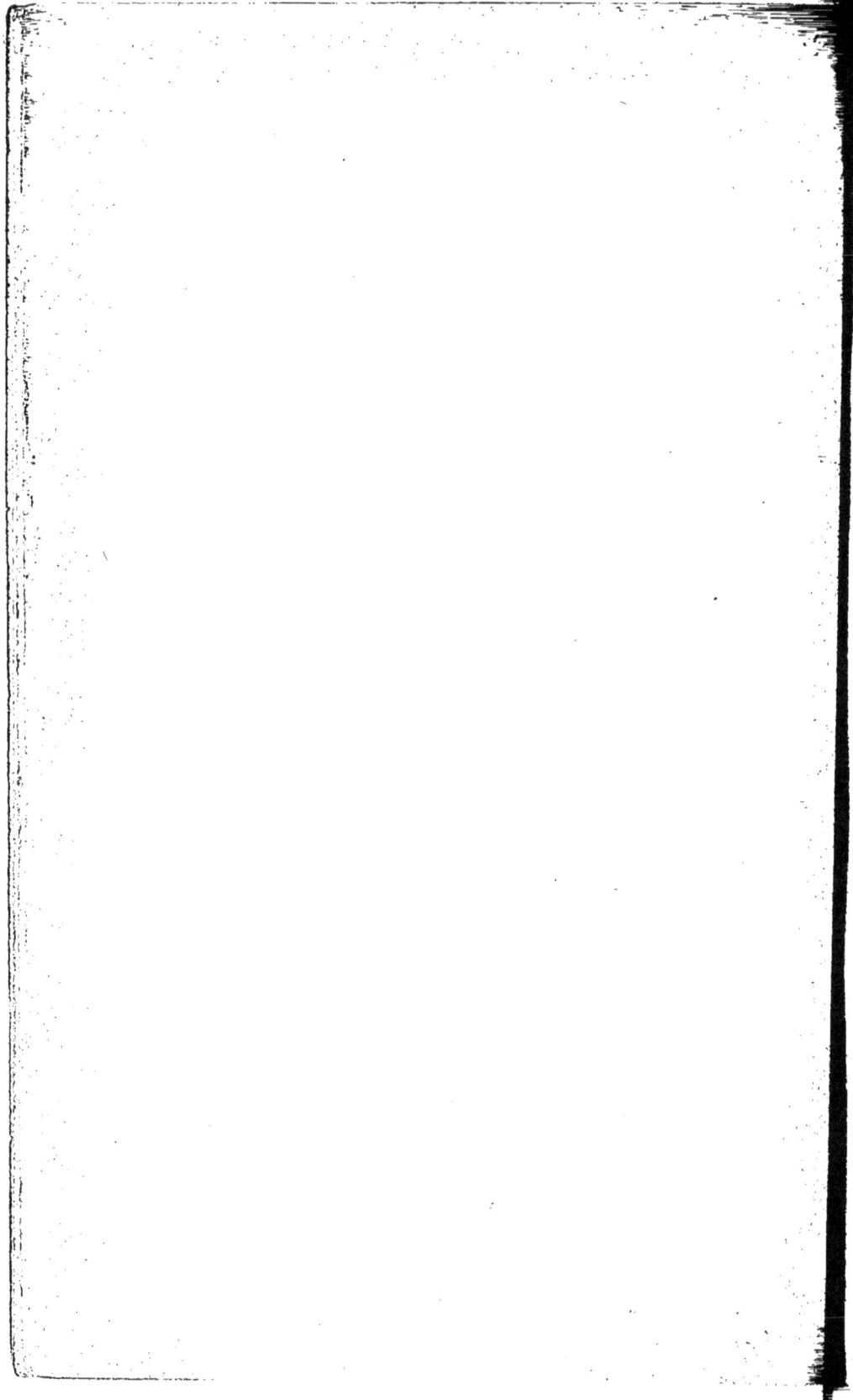

L'OFFICE DU SOIR

Pour le salut du soir elles ont mis leurs mantes,
Et vers l'église proche, à petits pas comptés,
Par groupes, elles vont le long des toits penchés,
Comme un cortège doux et lent d'âmes errantes.

Entre elles, à mi-voix, avec des mots pesés,
Pleins d'exquises langueurs et d'inflexions chantantes,
Elles parlent parfois, mais plus souvent absentes,
Glissent, la lèvre close et les regards voilés.

Pour elles, tous les jours ont le même visage :
Demain comme aujourd'hui, rituel abandon,
A l'heure caressante et bonne elles feront,

Vestales du Passé, le cher pèlerinage,
Par le même chemin d'amour et de devoir,
A la maison du ciel, pour le salut du soir...

LA TOUR DE SAINT-NICOLAS

Les moines, bâtisseurs des forces d'autrefois,
Au cœur de la cité conquise à l'évangile,
Comme on plante un drapeau quand on prend une ville,
L'incrustèrent au sol, bloc de pierre et de foi.

La voyant telle, on songe à quelque lourd beffroi,
Comme il en est encor dans la Flandre tranquille,
Symbole féodal de la grandeur civile,
Maître du privilège et gardien de la Loi.

Sur l'écran du ciel noir sa massive stature,
— Provocation sereine aux siècles à venir, —
Surgit, mais d'avoir vu tant de choses mourir,

Il semble qu'on entend sous sa rigide armure,
Faite à coups de granit pour son torse géant,
Pleurer le rythme doux d'un pauvre cœur d'enfant...

VEILLE DE PROCESSION

Déjà depuis longtemps on en parle à l'ouvroir,
Où la communauté, pour la fête prochaine,
Avec une ferveur inlassable et sereine,
Achève le travail d'orner le reposoir.

En mystère, sœur Anne à sœur Marthe a fait voir
La multiple splendeur d'une innombrable chaîne
De roses en papier, et la sœur Magdeleine,
Pour sortir les rochets, ouvert plus d'un tiroir...

Pleines de soins dévots, les novices pieuses
Ont brodé pour l'autel un lourd napperon blanc
Ajouré de dentelle experte et de ruban ;

C'est demain le grand jour. Les bonnes religieuses
Exultent, mais plus d'une encor égrènera
Son chapelet ce soir, « pour qu'il ne pleuve pas ! »

DANS LE PRÉAU DE SAINTE-WALBURGE

Les cloches ont prié pour l'angélus du soir,
Là-bas, dans la ferveur des lointaines chapelles,
Et, comme l'encens pur d'un mystique encensoir,
Leur voix blanche spirale aux voûtes éternelles.

Elle frissonne encore un peu dans les tourelles,
Craintive à l'abandon du pieux reposoir
Où la foi de son rêve, en lui donnant des ailes,
Au rêve de la Foi confia son espoir.

Mais la prière meurt... Le grand calme des choses
Rôde mystérieux autour des portes closes,
Spectre crépusculaire au lourd manteau de deuil.

Et dans le préau sombre il est l'heure nocturne
Où, quittant pour la nuit la nuit de son cercueil,
Se lève, grave et lent, tout le Passé de Furnes!...

L'ANTIPHONAIRE

C'est un antiphonaire à vieille reliure,
Avec des coins de cuivre, et des fermoirs usés;
Ses feuillets autrefois furent enluminés
Par un moine savant en l'art de la peinture.

Sur le velin rugueux, mais vierge de souillure,
Les onciales d'or aux gothiques clartés
Émargent la splendeur des poèmes sacrés,
Qu'un habile pinceau transcrivit sans rature.

Un jour, dans la beauté des pompes liturgiques,
On dut ouvrir le livre, et quelque abbé mitré
Y lut, mais aujourd'hui le livre est oublié,

Et nul ne tourne plus ses pages nostalgiques
Où dort, dans la poussière intime du Passé,
L'étrange floraison des défuntes musiques !

LES LAMPES DE SOUFFRANCE

Une à une, le soir, au glas des heures ternes
Qui tombent lentement sur la ville de deuil,
— On dirait des flambeaux veillant sur un cercueil —
S'allume la souffrance étrange des lanternes.

Des crêpes d'ombre vague estompent de halos
La flamme qui vacille en leur prison de verre,
Si pauvre, si navrante et si toute misère,
Qu'il semble qu'on a mis en cage des sanglots!

2

Jusques très loin, là-bas, les lanternes décrues
Stagnent lugubrement au fil morne des rues,
Et leur geste d'angoisse est si lourd de douleur

Que les étoiles d'or, pitiés fraternelles,
Par les gradins des toits processionnent vers elles,
Et s'en viennent pleurer aux vitres de leur cœur.

LA FLANDRE BLANCHE

LA VIEILLE HORLOGE

Dans une ferme.

Dans un coin de la chambre, et près l'alcôve vide,
L'alcôve aux longs rideaux d'aimante intimité,
Une vieille pendule à la gaîne rigide
Se dresse, cercueil d'ombre et rêve dévasté.

Sur le cadran d'émail, que la fuite rapide
Des heures et des jours tant de fois a frôlé,
Les aiguilles de plomb marquent d'un doigt livide
Le suprême moment de l'immobilité.

Elles sont là, barrant d'un geste hiératique
Ce disque qui regarde ainsi qu'un vague œil blanc
Dont la vie est absente et fixe obstinément

On ne sait quelle angoisse inconnue et tragique,
Et leurs bras de désir se tendent vainement
Dans le silence noir, vers l'heure nostalgique...

LES FLAMANDS

Dédaigneux du parler et du verbe inutile,
Taciturnes gardiens du silence docile,
Sous leurs lèvres d'orgueil, plus profondes aux plis,
Dorment d'un sommeil lourd des mots lourds de granit.

Obstinément butés dans leur mutisme sombre,
Ils vont, et si parfois leur bouche faite d'ombre
S'entr'ouvre, un coup de phrase, au rythme rauque et dur,
En tombe comme un bloc se détache d'un mur.

Puis le silence amer se referme sur elle,
Et rien ne reste plus qu'une prison nouvelle
Aux immenses verrous de vouloir et d'acier,

Sur qui veille, farouche et vigilant geôlier,
O Flandre d'autrefois qui fis leur âme telle,
Leur âme de mystère étrange et familier.

PRÉPARATIFS...

Voici fête, et, suivant l'usage immémorable,
Pour louer le Seigneur avec conformité,
Père, mère et enfants, après avoir été
A Grand'Messe, tantôt vont prendre place à table.

Du linge clair s'étale en blancheur accueillante
Sur le bois dépoli par les coudes rugueux,
Et les brocs de faïence et les plats lumineux
Voisinent les fruits d'or et la miche opulente.

Dans la cuisine, on a troussé des chapons blancs,
Et l'appétit du feu mange à joyeuses dents
Des parfums de volaille autour des lèchefrites,

Tandis que se prodigue, experte en tous les rites,
Et rouge de la flamme ardente du brasier,
La ménagère, ayant remis son tablier...

CRYPTE

Hiératiquement figés en des orfrois
Marmoréens, dorment les comtes d'autrefois,
Dorment du lourd sommeil des gloires triomphales,
Ayant croisé, dévots, leurs mains longues et pâles.

A côté d'eux le glaive épique est étendu,
Comme pour défier de force l'Inconnu
S'il venait violer le silence funèbre
De cette crypte close, où le jour s'enténèbre.

Puis aussi le blason, portant au chef d'honneur
Une aigle de vertige aux ailes déployées
Vers d'immenses lointains d'orgueil et d'épopées,

Et plus près d'eux encor, couvrant de son ampleur
Toute l'ombre de l'ombre et des choses passées,
Flandre, ton souvenir d'immortelle splendeur !...

LES DISPARUS

Où sont les gens, les « autres » gens,
Ceux qui sont morts depuis longtemps?

Le vent, la pluie et la froidure
Ont tissé d'ombre leur figure.

Où sont les gens, les « autres » gens,
Ceux qui sont morts depuis longtemps?

Dans les chaumines, les chaumières,
Sont là leurs places coutumières.

Où sont les gens, les « autres » gens,
Ceux qui sont morts depuis longtemps ?

Les vieux, aux vieilles remembrances,
Disent encor leurs souvenances.

Où sont les gens, les « autres » gens,
Ceux qui sont morts depuis longtemps ?

Et la douceur des soirs de Flandre
Dans le silence semble attendre....

Où sont les gens, les « autres » gens,
Ceux qui sont morts depuis longtemps ?

Semble attendre, et pour leurs venues,
Dire des choses inconnues....

Où sont les gens, les « autres » gens ?
Ces gens sans doute sont absents....

LA MORTE

Quelqu'un a heurté la porte.
Qui donc a heurté, serait-ce le vent ?
Quelqu'un a heurté la porte.
La pauvre fille est morte,
Elle avait vingt ans !

Quelqu'un est entré dans la maison close,
Quelqu'un d'inconnu,
Et nul ne l'a vu,

Et la Mort a pris celle qui repose
En ses voiles blancs.
Quelqu'un est entré dans la maison close,
Qui donc est entré là ?

Pour un trépas,
Les cloches vont sonner le glas.

Près de la couche étroite où plus rien ne bouge,
Comme un œil rouge
Qui vrille la nuit,
Un cierge palpite,
Et dans l'eau bénite
On a mis tremper un rameau de buis.

Au vieux clocher pour un trépas,
Les cloches vont sonner le glas.

Demain ils viendront avec la lumière,
Avec les chants d'oiseaux dans les nids,
Et l'enivrante odeur des jasmins refleuris,
Demain, les hommes noirs qui portent une bière...

Au détour du sentier moussu,
Ils passeront l'enclos qui borde la chaumière,
Et le soleil mettra des gerbes de prière,
Comme une douceur dernière,
Sur le cercueil rigide et nu.

Au vieux clocher pour le trépas
Les cloches ont sonné le glas.

Avec des soins pieux, entre les planches roides
On la déposera, tel un grand lis fauché,
Après avoir croisé
Sur sa poitrine vide ses mains froides,
Et mis entre ses doigts son chapelet usé.
Et puis ce sera tout. Les lourds marteaux funèbres
L'enfermeront dans les ténèbres,
Dans le silence et le passé.

Qui donc a heurté la porte ?
Quelqu'un a heurté. Serait-ce le vent ?

Quelqu'un a heurté la porte.
La pauvre fille est morte,
Elle avait vingt ans...

LES PETITES MAISONS...

Les petites maisons, avec leurs tuiles roses,
Et leurs vieux murs crépis, et leurs volets mi-clos,
(Paupières de sommeil sur le regard des choses),
Dans la campagne verte espacent des îlots.

Tout le bonheur de Flandre est là, dans ces masures :
L'uniforme douceur des jours silencieux,
Les enfants qui feront les semailles futures,
Et l'amour large et clair des couples besogneux.

Quelques arpents de terre ou de grasse prairie,
Quelques saules au bord du fossé limitant
Le bien familial du bien d'un autre champ,

Enclosent de sagesse étrangère d'envie
Les petites maisons, et la paix de la vie
Des humbles, dont le rêve est simple, simplement...

LA NEIGE MORTUAIRE

En terre Flandre il a neigé,
Et les maisons, si blanches, blanches,
Semblent en robes des dimanches.
En terre Flandre il a neigé
Sur les maisons et sur les branches.

Loin, aussi loin que l'on peut voir,
Jusqu'au là-bas énigmatique,
Tout est si pur et si mystique,
Loin, aussi loin que l'on peut voir,
Qu'on dirait une aube angélique.

Pour quelles pâques, quel amour
Dans les églises hivernales,
Pour quelles noces virginales,
Pour quelles pâques, quel amour
Ces robes neuves et si pâles ?...

En terre Flandre il a neigé
Sur les maisons et sur les branches.
Hélas ! Hélas ! ces blancheurs blanches,
— En terre Flandre il a neigé —
Sont des linceuls en avalanches....

DIABLERIE

Suivant un tableau de Breughel.

Aux Pâques de l'enfer ils sont tous accourus,
Et l'âpre vent du Nord, qui porte les présages,
Les a vus chevaucher des croupes de nuages,
Et déchirer leurs flancs à coup de pied fourchus.

Leur cortège effarant d'effrois inattendus
Par les monts et la plaine et les halliers sauvages
A passé dans la nuit, et les chiens des villages
Ont aboyé d'horreur près des colliers rompus.

Larves au corps visqueux, goules des cimetières,
Vampires, chats-huants, loups-garous et sorcières
En un chaos funèbre entremêlent leur rut ;

C'est l'heure du sabbat, la lune comme un cierge
S'allume, et pour la messe noire Belzébuth,
Dans un crâne de bouc, verse du sang de vierge...

LE SOIR

Dans les maisons voici le soir
Aux mains de douceur infinie,
Qui met des linges de charpie
Sur les blessures de l'espoir.
Dans les maisons, voici le soir.

Les gens, n'allumez pas les lampes !
Pourquoi faites-vous peur au soir,
Au soir ami qui vient vous voir
Et caresser vos mornes tempes ?
Les gens, n'allumez pas les lampes !

Il fait si bon, exquisement,
D'être yeux clos et de n'entendre,
Dans le silence tendre, tendre,
Que des voix d'ombre au parler lent.
Il fait si bon, exquisement...

Les deuils, les pleurs et les misères,
Et la souffrance des désirs,
Semblent de vagues souvenirs,
Semblent des choses étrangères,
Les deuils, les pleurs et les misères.

Dans les maisons voici le soir
Aux mains de tendresse et de brume,
Qui font meilleure l'amertume...
Les braves gens, laissez s'asseoir
Longtemps, chez vous, longtemps le soir !

LES FILEUSES

Trois fileuses : la Mort, la Douleur et l'Oubli,
Au rouet noir du temps dévident l'infini...

Devant une fenêtre à rideaux d'étamine,
Qu'encadre un frais décor de géraniums blancs,
La vieille dentelière et ses fuseaux chantants
Travaillent à parfaire une dentelle fine.

Trois fileuses : la Mort, la Douleur et l'Oubli,
Au rouet noir du temps dévident l'infini...

Dehors, c'est le soir calme et l'ombre purpurine,
Et la bonne langueur des jasmins odorants,
Et les velours profonds, qui tombent palpitants
Du ciel, comme un brocart frangé d'or et d'hermine.

Trois fileuses : la Mort, la Douleur et l'Oubli,
Au rouet noir du temps dévident l'infini...

Mais la dentelle est longue, et les fuseaux dociles,
D'avoir tant cheminé sur les trames subtiles,
Et d'avoir tant usé leurs pauvres yeux, sont las...

Et dans la chambre close où s'éteint la lumière,
Le sommeil invisible a touché leur paupière...
Mais demain les fuseaux ne s'éveilleront pas.

Trois fileuses : la Mort, la Douleur et l'Oubli,
Ce soir ont pris leur vol... Le linceul est fini.

LES MOINES

« Jaren geleden er was, by
Coxyde, eene vermaarde abedye
in de duynen. »
(Die kronieke van Veurene.)

Moines, héros pieux des âges du pardon,
Vous qui dormez vêtus de splendeur et de bure,
Comme des conquérants drapés dans leur armure,
Dans le calme éternel d'un sépulcre profond ;

Vous que le ciel marqua d'une auréole au front,
Et qui, les yeux tendus vers la clarté future,
De votre rêve immense étendiez l'envergure
Jusqu'aux derniers reculs du lointain horizon,

Je vous aime, et la foi qui fut vôtre est la mienne,
Car, pétri de ce sol défriché par vos mains,
J'en garde la vertu jalouse et les levains,

Pour qu'encor du Passé l'avenir se souvienne,
Et mêle quelques fleurs à vos cendres d'oubli,
O moines lumineux descendus dans la nuit...

LA CHAPELLE AÏEULE

Coxyde.

Là-bas, au carrefour des routes et du vide
Qui croisent, douloureux, leur immobilité,
Une chapelle seule, entre Furne et Coxyde,
Se meurt dans la souffrance intime du Passé.

Les longues nuits d'hiver et leur haleine humide,
Et l'innombrable poids du temps accumulé,
Et les mains de l'oubli, ce fossoyeur livide,
L'ont faite pauvre chose en leur hostilité.

Plus triste chaque jour, plus lasse et plus minable,
Vers le tombeau mouvant de la ruine et du sable,
Elle penche l'espoir de son cœur résigné,

Et dans l'apaisement de l'ombre coutumière,
Il semble que la Vierge aux lèvres de prière
Joint pour elle ses doigts d'indicible pitié.

AU BÉGUINAGE

La petite béguine est morte au point du jour.
Le prêtre était passé la veille avec l'hostie,
Et le saint baume, et les prières que l'on prie
Pour bénir ceux qui vont s'en aller à toujours.

Dans la chambre muette, où des rais de soleil
Fusent en flèches d'or par la fenêtre ouverte,
Des parfums de printemps et de bonne herbe verte
Semblent tisser du rêve autour de son sommeil.

4

Elle est là, toute frêle et presque diaphane,
On dirait un lys pur qui doucement se fane
Loin du jardin qui l'avait vu s'épanouir...

Sur sa couchette étroite, elle est là, reposante,
La petite béguine, et si le printemps chante,
C'est que le ciel en fête est venu l'accueillir !

LES VEILLEURS

Dans l'ombre et le soir, des gens tout de noir,
Tout de noir vêtus, sont venus s'asseoir,
Sont venus s'asseoir, tristesse minable,
Sont venus s'asseoir autour de la table.

Quels étaient ces gens tout de noir vêtus,
Quels étaient ces gens, et d'où donc venus ?
Ils sont entrés dans la chambre tranquille
Comme s'ils étaient gens de la famille.

Être, ils devaient être au moins des amis,
Car le vieux fermier n'a rien dit, rien dit,
Quand ils ont fait signe, en montrant l'armoire,
Qu'ils avaient grand soif et qu'ils voulaient boire...

Et le paysan est allé chercher
Du lard pour la faim, et dans le cellier
Quatre pots de bière et quatre bouteilles
Pour les quatre gens et leurs soifs pareilles.

Il a sur le feu mis quatre fagots,
Puis s'en est parti, cassé de sanglots,
Dans la chambre proche et noire de peine,
Pleurer tout son soûl et son âme pleine.

Et comme les gens mangeaient à leur faim,
Buvaient à leur soif, jusqu'au lendemain
Devant un lit vide et quatre lumières,
Il est resté seul avec ses prières...

Or le lendemain, à primes clartés,
Voici que les gens, les gens sont entrés,
Sont entrés pour prendre un cercueil de chêne,
Qui pesait si peu qu'il pesait à peine.

Et par les chemins à travers les champs,
Ils sont allés gens, gens indifférents,
Vers l'église là, vers l'église proche,
Qui sonnait un glas, pauvre glas de cloche.

Et suivait le vieux, suivait le cercueil,
Le cercueil barré d'une croix de deuil,
Et les quatre gens, les gens de misère,
Ces gens qui portaient son bonheur en terre.

Quand tout fut fini, qu'il ne resta plus,
Au jardin d'oubli, qu'un tertre de plus,
Le vieux paysan, fidèle à l'usage,
Prit quatre deniers pour boire au village,

Prit quatre deniers, et puis quatre encor,
Qu'il remit à ceux qu'avaient pris le mort,
Et les quatre gens vêtus tout de noir
Dans un cabaret sont allés s'asseoir.

LE GRAND BOOGAERDE

Coxyde.

Tout là-bas, aux confins des dunes héroïques
Dont la mer immobile endigue l'océan,
Là-bas, à l'horizon ravagé par le vent,
Près des platanes verts et des saules tragiques,

Les moines-laboureurs, dans le vieux sol flamand
Pétri de glaise noire et de vertus raciques,
Érigèrent ces murs aux forces magnifiques,
Pour immortaliser leur rêve triomphant.

Mais les moines sont morts... et la porte béante,
Où s'exergue un blason à coquille d'argent,
S'ouvre sur le silence et l'ombre, infiniment...

Et dans le crépuscule étrange qui fermente,
La ferme abbatiale, en longs voiles de deuil,
Semble, les bras tendus, prier sur leur cercueil !

TRUANDAILLE

Suivant un tableau de Téniers.

L'âme lourde des brocs, sur le chêne qui ploie,
S'étale, et dans le bouge où s'enferme le soir,
Tous les truands de Flandre et les filles de joie
Goinfrent à coups de lippe immense et d'entonnoir.

C'est fête, et la kermesse innombrable rougeoie.
En tumulte de faim ils sont venus s'asseoir
Autour des mets puissants, et, dans l'ombre qui broie
Les sens, monte le rut du vin et l'amour noir.

Les croupes et les reins s'accrochent en ripaille,
Les doigts cherchent les doigts, et les baisers goulus
S'écrasent sur la chair des gorges en bataille.

Et plus haut que le rire énorme qui s'égaille,
La nuit complice étend, au fond des cieux tordus,
Des draps neufs pour dormir ce soir de truandaille...

LES TERRE-NEUVAS

La Panne.

Sur leurs esquifs légers ils sont partis joyeux
Vers les Eldorados des pêches boréales,
Et les horizons noirs, précurseurs des rafales,
N'ont pu ternir l'azur qui dormait en leurs yeux.

Marins, fils de marins, les forces ancestrales
Les firent tels qu'ils sont, loyaux et valeureux,
Et le sang qui s'infuse en leurs membres noueux
Conserve du Passé les vertus intégrales.

Au loin, sous le ciel gris des banquises du Nord,
Où l'aquilon rudoie et s'embusque la mort,
Ils vont vivre, arrachés des hommes et des choses,

Mais là-bas, au pays de Flandre, chaque jour,
Mères, femmes, enfants, pour eux et leur retour,
Diront des chapelets dans les chaumines closes...

PRIÈRE EN MER

La Panne.

Notre-Dame des Flots, Régente de la Mer,
Protège notre esquif sur l'océan amer.

Sous les fouets du vent les vagues sont cabrées,
Délivre notre Peur des grondantes marées.

Danger de male mort est étendu sur nous,
Notre-Dame de Paix, détourne son courroux.

Pour le pauvre pêcheur sois la divine étoile,
Qui rend au port lointain l'équipage et la voile,

Aux femmes leurs époux, aux enfants attendris
Leurs pères, et à tous donne le Paradis.

Si ta main nous exauce et garde la nacelle,
Nous irons au retour, pieds-nus, à ta chapelle,

T'offrir, ainsi qu'il sied à tout bon matelot,
Une barque de chêne en gage d'ex-voto,

Et nous te bénirons en chantant tes louanges,
Étoile de la Mer, Notre-Dame des Anges,

Que nul vivant jamais à l'heure du péril
N'appela vainement à l'aide. Ainsi soit-il !

GLAS

A l'âme de Paul Verlaine.

Tous les clochers, toutes les tours,
Toutes les tours aux alentours,

Sonnent des glas, on ne sait pas
Pour qui les tours sonnent des glas.

Le ciel est noir et l'heure est grise,
Et l'heure est grise dans la bise,

La bise errante aux sanglots longs,
La bise aux longs sanglots profonds.

Je ne sais pas que veut le sort,
Je ne sais pas... mon cœur est mort...

Et c'est pour lui là-bas qu'on sonne.
Pour lui?... Mais non, c'est pour personne...

LÉGENDES DE LA MÈRE FLANDRE

Au coin de l'âtre clair, où la flamme grésille
Et chante le grillon, troubade monotone,
Dans la chambre, le soir, lorsque l'heure est tranquille,
Et qu'il fait froid dehors, et que le vent détone,

Souventes fois, souvent, des légendes lointaines
S'évoquent à mi-voix, et troublent le silence,
Des légendes avec des choses surhumaines,
Et de l'angoisse lourde, et de la peur immense.

5

C'est la Flandre tragique et sombre qui s'éveille,
La Flandre fabuleuse en robe de merveille,
Et ses héros d'escorte aux visages sévères,

La Flandre d'autrefois, la Flandre de mystères,
Et des contes sans fin, appris de veille en veille,
Avec leur âme toute, aux lèvres des grand'mères...

LES PREMIÈRES COMMUNIANTES

———

Elles ont mis pour le grand jour
Robe de blanche mousseline
Et voiles longs et guimpe fine,
Elles ont mis pour le grand jour
Une toilette d'aubépine.

Entre leurs doigts, un cierge pur,
Onglé de flamme qui vacille,
Dresse sa hampe de vigile,
Entre leurs doigts un cierge pur
Comme leur âme puérile.

Elles cheminent deux par deux,
Regards baissés et lèvres closes,
Toutes aux virginales choses
— Elles cheminent deux par deux —
Qui dans leurs âmes sont écloses.

Et de les voir passer ainsi,
Il semble que les cieux mystiques
Ont, pour des noces angéliques,
— Et de les voir passer ainsi —
Ouvert leurs portes féeriques.

Dans le clocher, le clocher gris,
Les vieilles cloches chevrotantes,
Les vieilles cloches chantent, chantent,
Dans le clocher, le clocher gris,
Pour les premières communiantes.

Elles ont tant vu, tant et tant,
Passer de peines infinies,
Et tant sonné, tant d'agonies,
Elles ont tant vu, tant et tant,
Que leurs douleurs sont bien finies...

Mais les cloches ne savent pas
Qu'un soir bientôt, un soir viendra,
Avec des pleurs, avec des râles,
Et qu'hélas ! il ne restera
De ces blancheurs si pâles, pâles,
Qu'un souvenir qu'emportera
Leur âme triste dans un glas !...

MIDI EN FERME

Des flaques de soleil et d'or fauve qui bouge
Ont semé des îlots sur le dallage rouge,

Et dans la chambre où stagne un relent affadi
Tombe en nappe de feu la chaleur de midi.

Les cuivres opulents, orgueil de la fermière,
Semblent éparpiller une blonde poussière

Sur les dressoirs trapus, où s'éveillent, béats,
Les ramages naïfs aux faïences des plats.

Les blancs rideaux du lit, las de voir des caresses,
Songent avec désir à de bonnes paresses,

A des repos d'amour, sans autre volupté
Que de vivre sans fin leur immobilité.

Des flaques de soleil sur le dallage rouge.
Tout dort. Seul, dans l'horloge en chêne, le temps bouge.

LES ERRANTS

Traînantement de porte en porte,
Par les villages et les bourgs,
Avec l'hiver qui les escorte,
Et leur navrance de toujours,
De là, de ci, de là... qu'importe?
Ils vont épars au fil des jours.

Humble est leur geste qui quémande,
Sourde la voix de leur pâleur,
Et si minable d'appréhende
Qu'il semble que ces gueux ont peur
De voir en eux si grande, grande,
Si grande, hélas! tant de douleur.

Toute leur vie est en guenilles,
Tout leur espoir est en lambeaux
Comme les grises souquenilles
Qui s'effilochent sur leurs dos
Et dont les trames en résilles
Bouchent leurs trous de trous nouveaux !

Depuis des âges sans pensées,
Depuis des temps sans souvenir,
Depuis combien, combien d'années,
Sur les routes du Devenir
Ils rôdent, et leurs destinées
Sont tristes, tristes à mourir.

Traînantement, de porte en porte,
Par les villages et les bourgs,
Avec l'hiver qui les escorte
Et leur navrance de toujours,
Ils vont, de ci, de là, qu'importe ?....
Saignant leur âme au long des jours !

QUAIS DOULOUREUX

O ces vieux quais déserts qu'embrume le silence,
Ces vieux quais de douceur intime, et ces vieux ponts
Où passent les soupirs et les sanglots profonds
Des heures au fil lent de la désespérance...

O ces vieux quais bordés d'éternelle navrance,
Si pauvres et si seuls que les vieilles maisons
Semblent prier tout bas pour eux des oraisons,
Et plaindre la douleur de leur longue existence.

Dans le miroir de l'eau qui frissonne, parfois
Un sourire attristé de lune énigmatique
S'éveille, et l'on ne sait pour quels pieux convois

D'astres qui seraient morts, le son mélancolique
Et lointain d'une cloche égrène sur les toits
Ces glas où le Passé s'est fait plus nostalgique...

———

LES MOULINS DE FLANDRE

à H. Weyts.

Les grands moulins aux bras de toiles,
Les grands moulins aux bras tendus
Pour la prière des étoiles,
Les grands moulins ne chantent plus.

Dans les campagnes désolées,
Ils dorment du sommeil profond
Des âmes qui s'en sont allées,
Et qui jamais ne reviendront !

Sous leurs épaules de navrance,
Qui se voûtent à chaque jour,
Pèsent le deuil et le silence,
Pèse le deuil toujours plus lourd...

A l'horizon, leur solitude
Est si minable que souvent
Le vent pour eux se fait moins rude,
Eux qui fauchaient si bien le vent...

Et que sa lèvre, sur leurs toiles
Qui saignent par tous les trous nus,
Vient les baiser sous les étoiles...
Mais les moulins ne chantent plus !

SOIR DE PETITE VILLE

Furnes.

Dans la calme douceur des soirs énigmatiques,
Des soirs pensifs et lents, comme il en est là-bas
Sous le ciel gris de Flandre, où sonne, dans le glas
Des jours, l'apaisement des heures identiques ;

A l'ombre des clochers et des pignons gothiques
Qui penchent vers la mort prochaine leurs fronts las,
A l'aube de la nuit que de fois n'ai-je pas
Attardé longuement mes désirs nostalgiques !

Des violons lointains pleuraient, mélancoliques,
Dans le vent et l'oubli des carrefours de paix,
Ces grands crucifiés aux gestes fatidiques ;

Et l'on ne savait pas pour quels rêves tragiques
Qui seraient décédés, du fond des cieux tombait
Ce suaire de lune aux plis hiératiques...

LA PLUIE

Au gris de l'heure, au gris du temps,
Tombe la pluie obstinément,
Au gris du soir, au gris de l'heure,
Tombe la pluie et le vent pleure.

Ces fils de deuil, et puis ces fils,
Racontez-moi, d'où viennent-ils,
De quels fuseaux, quelle quenouille
Filant du lin couleur de rouille ?

Au gris de l'heure, au gris du temps,
Dités, pour quels noirs vêtements,
Pour quels manteaux, ces trames toutes
Qui tombent, tombent sur les routes?...

Est-ce pour ceux qui ne sont plus,
Et pour couvrir leurs membres nus,
Est-ce pour nous, pour notre vie
Et sa tristesse indéfinie?

Au gris de l'heure, au gris du temps,
On ne sait pas pour quelles gens,
Au gris du soir, au gris de l'heure,
Tombe la pluie et le vent pleure...

6

NOPCES

Dites, les brocs moussus sur les tables rugueuses,
Les larges brocs de bière, et les gueux et les gueuses

Lippant la mousse blonde en large beuvaison,
Pour le plaisir de boire et perdre la raison ;

Dites, les pifs luisants et les trognes splendides,
Comme des besants d'or sur des haillons sordides ;

Et ces roses de chair, écloses puissamment
Dans les jardins ouverts du paradis flamand ;

Dites, ces garces-là, rondes comme futailles
Qu'on met en perce aux soirs des rouges épousailles,

Ces croupes et ces reins cabrés, prêts à bondir
Sur la proie amoureuse offerte à leur désir,

Et tous ces fourrageurs de caresses faciles,
Ces appétits d'amour devant des plats dociles,

Dites, Breughel, Jan Steen, vous les avez campés
Dans le tumulte ardent de vos pinceaux crispés,

Vous les avez connus, ces truands et ces gouges,
Vautrés dans leur kermesse immense et dans les bouges,

Bavant avec l'écume blonde entre les dents,
Après des ruts fauchés de nouveaux ruts ardents.

Dites, s'ils revenaient un jour tous ces ancêtres
Qui firent l'horizon plus large à nos fenêtres,

Et qui firent la Flandre, et qui nous firent nous
De ce terreau fumant où leur grande âme bout,

Quel mépris les mordrait jusqu'au fond des entrailles,
Dites, ces gras buveurs des fortes truandailles,

De nous voir consumer en stériles efforts
Devant un muid de bière, et tomber ivres morts...

LES ÉTRANGERS

Je ne sais pas pourquoi, ce soir
J'ai vu des gens vêtus de noir.

Des gens pensifs, dont le visage
S'est retourné sur mon passage.

Des gens, je ne sais d'où venus,
Des étrangers, des inconnus.

Je ne sais pas pourquoi dans l'ombre,
Ont pleuré des cloches sans nombre.

Je ne sais pas pourquoi, là-bas,
Ces cloches ont pleuré des glas.

Des glas que m'apportait la bise,
De quel clocher, de quelle église?...

Je ne sais pas... je ne sais pas...
On doit sonner pour un trépas,

Et tous ces gens qui dans la rue
S'en viennent en longue cohue,

Ce sont peut-être, est-ce qu'on sait?
Les deuils qu'on n'a connus jamais!...

POÈME

« Et la princesse va mourir, s'il ne vient pas. »
(H. DE RÉGNIER, *Poèmes anciens*.)

Les paons aux yeux de gemme où le soleil se joue,
Sur l'escalier de marbre immense, font la roue,

Sur l'escalier de marbre à balustre d'airain,
Et semblent des joyaux échappés d'un écrin.

Neigeux, des lévriers sur les dalles polies,
Allongent le sommeil de leurs mélancolies,

Et rêvent, patriciens, aux chasses d'autrefois
Sonnant des hallalis d'orgueil dans les sous-bois.

En les vases d'albâtre, étagés sur les rampes,
Des floraisons de lys rigides, sur leurs hampes

Érigent vers l'azur et leurs parfums troublants
Et la virginité de leurs calices blancs.

Et dans le bleu décor de cette féerie,
Où tout semble langueur, extase et pierrerie,

La dame de céans, triste, triste, oh ! combien,
File au rouet du songe, et ne regarde rien !

LES HEURES

Les heures sont de vieilles gens...
Depuis longtemps, depuis longtemps,
Depuis toujours, les heures toutes,
Sur les chemins et sur les routes
Cheminent à petits pas lents.
Les heures sont de vieilles gens.

Elles s'en vont, on ne sait pas,
On se sait pas où vont leurs pas,
La route est morne et longue et grise
Dans la campagne et dans la bise,
Et nulle auberge, au loin, là-bas...
Elles s'en vont, on ne sait pas !

Comme de pauvres chiens battus
Et criblés de cailloux pointus,
Elles s'en vont, avec leurs hardes,
Les pauvres vieilles béquillardes,
S'en vont, et ne reviennent plus,
Comme de pauvres chiens battus !

Combien de fois, combien de fois
J'ai dit aux heures d'autrefois :
« Heures d'amour, qu'importe l'âge,
« Penchez sur moi votre visage,
« Et que j'entende encor vos voix... »
Combien de fois, combien de fois !

Mais je n'ai plus revu jamais,
Jamais les heures que j'aimais,
Ni les heures, ni mon amour...

. . . .

Sur les grand'routes sans retour,
Ils s'en vont loin, plus loin toujours...

LES PENNONS

Les pennons déployés de soie et d'orgueil clair,
Comme des houles d'or vivant, sonnent dans l'air.

Sonnent dans l'air qui bouge, en larges claironnées,
La gloire des métaux brochant les blasonnées,

Et des écus, semant sur leurs fonds de brocart,
La guivre, le griffon, l'aigle et le léopard.

Les pennons sont en fête! ils vont haussant leur taille,
Sur les hampes d'honneur, chercher gloire et bataille,

Et comtes et barons, sur de lourds palefrois,
Suivent, graves et lents, leurs somptueux convois.

Là-bas, dans les couvents, les abbés — crosse et mitre —
Ont dit des oraisons à l'heure du chapitre,

Et de leur dextre blanche, où l'améthyste luit,
Ont esquissé sur eux le geste qui bénit.

Mais ce n'est point par eux, leur geste, leurs prières,
Que les pennons d'orgueil montent dans les lumières,

Entre les plis frangés de leurs Rêves nouveaux,
O femmes, chante encor l'amour de vos fuseaux !...

LES MOIS DÉFUNTS

Veillée du Jour de l'An.

Ce soir on va porter en terre,
Ce soir aux douze coups sonnants
Là-bas dans les clochers du temps,
Ce soir on va porter en terre
Douze petits cercueils d'enfants.

Douze cercueils de même taille,
Qui s'en iront, en chavirant,
Vers un grand trou, noir et béant,
Douze cercueils de même taille,
Qui s'en iront cahin-cahan.

Décembre avec ses lys de glace,
Et ses flocons, lourds de candeurs,
Et les jasmins de ses pâleurs,
Décembre, avec ses lys de glace,
Les couvrira de blanches fleurs.

Mais, hélas ! ils n'auront personne
Pour suivre leur convoi dolent,
Ils n'ont jamais eu de maman...
Mais, hélas ! ils n'auront personne
Qu'un fossoyeur, qui les attend.

La bise errante et douloureuse,
La bise aux longs sanglots profonds,
Aux sanglots vains, aux sanglots longs,
La bise errante et douloureuse,
Seule viendra baiser leurs fronts.

Puis, comme autant de pelletées
Sur les cercueils au bord des trous,
Minuit avec ses douze coups,
Puis comme autant de pelletées,
Minuit tombant couvrira tout !

Ce soir on va descendre en terre,
Ce soir aux derniers glas sonnants,
Morts plus heureux que les vivants,
Ce soir on va descendre en terre
Douze petits cercueils d'enfants...

LES PEUPLIERS

Tels des moines de deuil en bures de silence,
Au long du canal glauque et ses bords sablonniers,
Cheminent deux par deux les rudes peupliers,
Les peupliers de Flandre, immobile obstinance.

Vers les horizons gris, péniches et chalands,
Et les oiseaux de mer et les mornes nuages
S'en vont, brouillant dans l'eau qui bouge, leurs visages,
Et passent sur le flot d'invisibles courants.

Mais eux restent figés depuis des jours sans nombre,
Ils restent figés là, proches des berges d'ombre,
Immenses de l'essor des lointains entrevus,

Et que leurs bras d'espoir, obstinément tendus,
S'entêtent à vouloir étreindre en baiser sombre
Pour broyer on ne sait quels désirs inconnus !

DANS LES BLÉS

—

Il fait soleil à travers champs,
Et comme un bleu manteau de reine
Le ciel d'été couvre la plaine...
Il fait soleil à travers champs.

Par les chemins loin du village,
Par les petits chemins heureux,
S'en vont les couples amoureux,
Par les chemins loin du village.

Les gas ont mis leurs bourgerons
De toile roide à larges manches,
Elles, leurs robes des Dimanches.
Les gas ont mis leurs bourgerons.

Main dans la main, et presque gauches,
S'en vont les couples par les champs,
Les couples des amours flamands,
Main dans la main, et presque gauches.

Les amoureux aux jointes mains,
Et, comme ils n'ont rien à se dire,
Ils se contentent de sourire,
Les amoureux aux jointes mains.

A quoi cela sert-il qu'on cause
Lorsqu'on sait bien depuis longtemps
Qu'on s'est « promis » par le serment?
A quoi cela sert-il qu'on cause?...

Et puis les blés, là-bas, les blés
Aux vagues d'or et de caresse
Leur font des signes de tendresse,
Et puis les blés, là-bas, les blés...

Par les chemins loin du village,
Et gai, les couples amoureux,
Moissonnez-vous, baisers joyeux,
Par les chemins loin du village,
Dans les blés d'or des jours heureux !

LA FLANDRE ROUGE

UN CHAUME

à M. et Mᵐᵉ Herries,
en souvenir reconnaissant.

Là-bas, près des bouleaux, entre Furne et Pervyse
Où la mort fauche hideusement,
Dans la campagne et dans le vent
Une chaumière seule et morne et grise,
Très vieille et très souffreuse et très pauvre, agonise
Doucement.
Sur les murs décrépis, une lézarde
— Coup de couteau des jours sournois —
Rampe sinistre jusqu'au toit
Crevé par un obus, et regarde

De ses yeux d'ombres et d'effrois,

L'horizon noir de Flandre au fond duquel s'attarde,

Ne voulant pas mourir, un peu de l'autrefois.

L'heure blafarde

Traîne minablement, on ne sait où,

Les minutes et les heures, tristes hardes

De temps. L'âtre sans ses brandons n'est plus qu'un trou,

Et le plafond saigne du plâtre.

Un jour désemparé, pour ceux de la chaumine,

— Étaient-ce encor des gens, ces pauvres gueux

Qui vivaient là si vieux, si vieux,

Qu'ils n'étaient plus que ruine ? —

Un jour, un coup d'orage était venu

Balayer le bonheur, et la tourmente

En son tourbillon d'épouvante

Les avait pris comme fétus,

Pour les jeter meurtris et nus

Dans l'inconnu

Et dans la nuit sanglante...

Déracinés, les miséreux,

Qui n'avaient plus que leur amour et leur faiblesse

En viatique de vieillesse,

Étaient morts, comme on meurt quand on est vieux

Et seul : sans rêve et sans caresse...

Là-bas près des bouleaux au feuillage argenté,

Là-bas, en Flandre, entre Furne et Pervyse,

Une chaumière seule et morne et grise

Amèrement avait pleuré...

Elle n'avait plus vu fleurir les roses rouges,

Ni les tournesols d'or, ni les lourds dahlias,

Ni les grappes de résédas,

Ni les lis au parfum qui bouge...

Dans le petit jardin, les plantes de malheur,

Les ronces, les chardons et les orties,

Innombrables étaient sorties ;

Mais qu'importait la joie ou la douleur ?

Pour elle est-ce que la vie

Pouvait survivre à son bonheur ?

La mort est bonne

Aux malheureux à qui personne

Ne reste plus...

Une nuit d'hiver, un obus

Vint labourer ses flancs et crever sa poitrine,

Et la chaumine

Se meurt, et nul au monde ne saura

Qu'il est là-bas,

Quelque part, en Flandre, une masure,
Un peu de plâtre, un peu de chaux,
Un peu de paille rousse, un peu de briques,
Qui comme nous avait une âme, et meurt, stoïque.

. . . .

Il n'est pas que le cœur des hommes qui soit beau !

LES BÉGUINES

Dixmude.

Elles ne savaient rien du monde, et le silence
Et la prière avaient tissé, pour leur douceur
Toujours égale et blanche, un voile d'innocence,
Et les plis de ce voile pur couvraient leur cœur.

Les jours suivaient les jours dans la même ordonnance :
Aujourd'hui c'était hier, et c'était le labeur
Harmonieux du jour suivant, connu d'avance,
C'étaient l'office, et les fuseaux et le bonheur ;

C'étaient la maison propre et nette, et le ménage
Frugal ; c'étaient les soins à l'enclos qui fleurit,
Et l'ouvroir, antichambre d'or du paradis.

C'était la vie aimante, et bonne, et claire, et sage,
Mais la mort a penché sur elles son visage,
Et le miroir heureux des heures s'est terni...

BAISER ROUGE

———

Il est tombé, là-bas, dans les plaines de Flandre,
Là-bas, où l'âpre bise arrache les cheveux
Des platanes tordus et des saules noueux,
Là-bas, sous l'inconnu d'un ciel pétri de cendre.

Il est tombé. La Mort était lasse d'attendre...
Elle rôdait en mal à des désirs honteux,
La Mort est une goule, et ce furent ses yeux,
Et ce fut sa jeunesse en fleur qu'elle vint prendre.

Et ce fut lui qu'elle emmena comme un butin,
Pour une nuit d'amour funèbre et sacrilège,
Nuit dont l'éternité s'ouvre sur le matin.

Et c'est lui qui repose, holocauste au destin,
Sous un tertre où fleurit, étrange sortilège,
Ce lourd coquelicot aux lèvres de carmin...

L'HALLALI

Taïaut ! Les Huns ont quitté leurs tanières,
Taïaut ! taïaut ! et les vallons et les clairières
Retentissent de hurlements !
Fauchez le vent,
Fauchez l'espace et la lumière,
Fauchez sur vos chevaux ardents,
Les Huns dévalent la plaine,
La haine
Comme un couteau entre les dents.
Vengeurs, que pas un seul n'en demeure vivant !

. . . .

Devant eux tout a fui, les campagnes sont vides,
Et sur les ruines livides
Campent les Huns, les Huns sont las.
Ils sont repus de meurtre et gorgés de pillage,
Et les villes et les villages
Flambent là-bas,
Telles des torches monstrueuses et sauvages
Tordant leurs bras vers les nuages
Rouges et lourds sous le ciel bas...
Par les chemins de deuil, par les chemins où rôde,
Sinistre, le malheur,
La lune a vu passer, blémissante d'horreur
Et d'épouvantement, le douloureux exode
D'un lugubre troupeau flagellé par la peur.
Vers quels horizons noirs allaient-ils, pauvres choses,
Hommes, femmes, enfants,
Et ces vieillards aux cheveux blancs,
Vers quels horizons noirs, vers quelles portes closes?.
Sans doute, ils allaient là, d'où l'on ne revient plus,
Loin, très loin de la Flandre aïeule et bonne,
Loin du clocher natal, vers l'Inconnu,

Où ils ne savaient rien de rien et de personne ;
Ils allaient dans le soir hideux,
Le soir tramé d'ombres blafardes,
Chargés de leur misère, et poussant devant eux,
Avec leurs hardes,
Les souvenirs des jours heureux.

.   .   .   .

Ils s'en allaient, semeurs de la gloire héroïque,
Grands martyrs, purs héros,
En écoutant vibrer les suprêmes échos
Des cloches du Destin sonnant sur la Belgique...
Ils s'en allaient... mais ils vont revenir,
Avec tous les bourdons chantants aux cathédrales,
Avec les palmes d'or, qui bruissent, triomphales,
Avec leur cœur qui ne peut pas mourir.
Taïaut ! taïaut pour la victoire !
Taïaut ! Vengeurs, fauchez la Gloire,
Fauchez le vent,
Fauchez l'espace et la lumière,
Debout sur vos coursiers ardents !
Ils ne verront plus leurs tanières,

8

Les Huns : nos champs,
Nos plaines sont des cimetières,
Où vont blanchir leurs ossements...
Taïaut ! taïaut ! les cors sanglants...

LES PETITS VIEUX

Nieuport.

On les avait connus toujours dans le village ;
Ils habitaient là-bas, près des saules mouvants,
Une masure avec un toit de paille et des murs blancs,
Là-bas, près du canal et l'horizon sauvage.

Ils étaient vieux, très vieux... nul ne savait leur âge,
Les plus anciens dans leurs souvenances d'enfants
Se les remémoraient comme de vieilles gens,
Pour lesquels ils tiraient leur bonnet au passage.

Puis ils avaient rêvé mourir le même jour :
Ce devait être bon, mourir à la même heure,
Et savoir qu'après vous personne ne demeure...

Ils sont morts. La chaumière, abri de leur amour,
Est ruines, et le ciel de deuil qui la surplombe
Couvre d'un même dais deux cœurs... dans une tombe !

TOMBES FLEURIES

_____

Au cimetière d'Alveringhem,
un dimanche.

Sous les tertres fleuris de pâquerettes blanches,
Comme en Août dans les champs côte à côte les blés,
À l'ombre de la tour aïeule, ils sont couchés,
Épis de la moisson des prochaines revanches.

Autour d'eux c'est la paix des vieux arbres penchés,
Le printemps, le soleil et les nids dans les branches,
C'est la langueur intime et douce des dimanches,
C'est le petit village aux chaumes oubliés.

Une croix, quelques buis à la force tenace
Dont une main pieuse encercla l'humble enclos,
C'est tout. Ci-gît un homme — un soldat — un héros!

Ci-gît? Non! Leur espoir et l'espoir d'une race
Sont debout, et leur âme aux multiples splendeurs
A fait ces grands vaincus, plus grands que les vainqueurs

LES FORCES

Femmes, c'est votre chair qui saigne sur la Flandre,
C'est votre âme qui meurt quand tombent nos héros,
C'est votre corps meurtri qu'on arrache en lambeaux,
Ce corps las d'engendrer et qui toujours engendre.

C'est votre appel qui sonne aux tocsins des hameaux,
C'est votre cri d'espoir qui monte, ardent et tendre,
C'est votre foi d'amour qui ranime la cendre
De nos rêves épars et des derniers flambeaux.

O femmes, qui dira jamais, qui pourra dire,
L'innombrable splendeur de votre long martyre :
Vos époux, vos enfants s'immolent, et c'est vous,

Dont la souffrance atroce étreint l'âme en délire,
Qui donnez à ces preux, avec votre sourire,
La gloire d'être grands et de mourir pour nous...

LES EXILÉS

Pas de stèle sur eux, rien qu'une croix rustique,
Rien que le ciel de plomb et l'immobilité
De la campagne, vide et morne basilique,
Dont les orgues du vent troublent l'immensité.

Pas une âme qui vient sur leur tombe héroïque
Verser, avec ses pleurs et leur sublimité,
Les oraisons d'amour : leur âme nostalgique
Est seule, face à face avec l'éternité.

Au village natal, le soir, dans les chaumières,
Sous la lampe, on en parle avec des mots tout bas,
Et les vieilles pour eux égrènent des prières...

On en parle... et jamais les petits cimetières
Ne sauront qu'ils sont morts loin d'eux, très loin, là-bas,
Et que le sol de Flandre est fait de leurs poussières...

LA TEMPÊTE

Les molosses du vent sont lâchés sur les routes,
Les molosses lâchés de tous les chenils noirs
Où nichent avec eux tous les noirs désespoirs,
Et tous les vains bonheurs des passés en déroutes.

. . . .

Les molosses du vent sont lâchés sur les routes.

. . . .

Avec des crocs de faim et de longs hurlements
Ils galopent de nuit au travers des ornières,

Des combes, des chemins, et par les fondrières
Leurs nocturnes terreurs mangent, claquant des dents.

. . . .

Avec des crocs de faim et de longs hurlements.

. . . .

Les molosses du vent sont lâchés, et leurs rages
S'acharnent sur la Peur immense des villages,
S'acharnent, et pour que ne leur advienne pas

La meute de péril aux lugubres saccages,
Dans les fermes de Flandre on allume, là-bas,
Le cierge consacré qui garde des orages !

LA CHÂSSE

Adornée de feux et d'émaux translucides,
Sur l'autel où la foi fit monter un martyr,
La châsse resplendit de tout le souvenir
Des oraisons d'ardeur devant ses parois vides.

Car jadis, aux jours noirs, le reliquaire d'or
Vit de ses yeux d'horreur éparpiller la cendre
Du Saint tant haut dressé qu'il ne pouvait ascendre
Sans cogner l'infini. C'était en Messidor.

Par quel miracle étrange et quelle destinée,
Dans ce village gourd, la châsse retournée
Orne-t-elle aujourd'hui l'église? on ne sait pas...

Mais qu'importe le mort et ses vaines poussières,
Et cette châsse vide, en pompeux apparat,
Si l'âme des Flamands la remplit de prières!

LA VEUVE

———

Furnes.

Je l'ai rencontrée à l'heure des cloches
Qui sonnaient un glas dans la paix des soirs,
Elle allait où vont les muets reproches,
Où vont les exils et les désespoirs...
Je l'ai rencontrée à l'heure des cloches,
En voiles de deuil, en longs voiles noirs.

La rue était seule et l'ombre dolente,
Et troublés soudain par le bruit des pas,
Pour voir qui venait si lente, si lente,
Les pignons moussus ont penché plus bas
— La rue était seule et l'ombre dolente —
Leurs fronts attristés et leurs rêves las !

Et les vieux pignons, les pignons de pierre,
De sentir frôler leur vieille douleur,
Par une douleur si jeune et si fière,
Et lourde déjà de tant de pâleur,
Les vieux pignons gris, les pignons de pierre,
Ont mis autour d'elle un peu de leur cœur.

Je l'ai rencontrée à l'heure des cloches,
La rue était seule et le soir tombant,
Elle allait où vont les muets reproches,
Où vont nos exils et notre tourment...
Je l'ai rencontrée à l'heure des cloches
Qui sonnaient un glas dans l'ombre et le vent...

LA TOUR DES TEMPLIERS

Nieuport.

Très de Nieuport-la-Morte, et près de l'estuaire
Où la vague du large aborde en soupirant,
Et vient baiser, ainsi qu'on baise un reliquaire,
La berge qui festonne entre le sable blanc,

Prince des horizons de Flandre, et feudataire
De la grandeur d'un siècle où l'honneur était grand,
Un bloc de granit lourd, farouche et solitaire,
Dressait son front, têtu de gloire, et triomphant!

9

Depuis des jours sans fin, depuis des jours sans nombre,
Et puis des jours encor, son ombre faisait l'ombre
Et le silence amers, sur la ville et sur lui ;

Mais la ville n'est plus que ruines aujourd'hui,
Et sous le ciel d'horreur, le bloc de granit sombre
Bute son désespoir tragique dans la nuit...

VITRAIL

Nieuport.

Tel un pan de soleil, la verrière flamboie,
Barrant l'ombre du soir dont le deuil se déploie,

Et sur le vieux vitrail qui fermente et se tord,
Des flammes de vertige ardent en brasier d'or.

Une lave de feu, fleuve énorme qui bouge,
Dégouline des murs en une ivresse rouge,

Et dans l'afflux tordu de ce fleuve mouvant
Il semble que l'église est un vaisseau de sang !

Et ce vaisseau de sang sur la mer des nuages
A mis le cap, sait-on vers quels lointains rivages,

Vers quel pays de rêve immense et de désir
Du voguer à jamais vers l'éternel Partir.

Mais voici que soudain, sous les arches funèbres,
Tout le vaisseau d'orgueil craque dans les ténèbres,

Et que le vitrail fou de vertige et d'essor
N'est plus qu'un vitrail noir où le soleil est mort !

DIMANCHES D'EXIL

O ces après-midi si tristes les Dimanches,
Ces longs après-midi d'automne, quand le vent
A des larmes de pluie éparses sur les branches,
Et que la solitude est grise, immensément !

O ces après-midi d'exil ! Les feuilles mortes
Tombent sur la pelouse, une à une : on dirait
Des oiseaux qui viennent mourir au seuil des portes,
Ces portes qui pour eux ne s'entr'ouvrent jamais.

O ces après-midi de spleen ! Le ciel livide
Roule lugubrement des nuages hagards,
Et, l'on ne sait pourquoi, tant le cœur semble vide,
On voudrait s'en aller dans ces noirs corbillards !

O ces après-midi, sans cloches poétiques
Sonnant vêpres, là-bas, aux mornes carrefours,
Et qui ne savent pas les douceurs nostalgiques
Des carillons de Flandre au fond des vieilles tours.

Qui n'ont point vu passer par les quais de silence,
Où stagne sous les ponts le fil terne de l'eau,
Des amoureux pensifs qui, sans voir la navrance,
Vont, la main dans la main, vers leur bonheur nouveau.

O ces après-midi si tristes les Dimanches,
Ces longs après-midi d'automne, quand le vent
A des larmes de pluie éparses dans les branches,
Et qu'on rêve au pays... lointain... immensément !...

Londres.

LA MORT IVRE

La Mort avait tant bu de sang qu'elle était ivre.
En titubant elle rôdait par le chemin,
Avec sa faux, et sa besace, et son butin,
Et, lâche, elle chantait la volupté de vivre !

Sur la plaine déserte, où le froid et le givre
Avaient éparpillé les lys de leur jardin,
Un vol lourd de corbeaux planait dans le matin...
Et la Mort faisait signe aux corbeaux de la suivre.

Et les âpres corbeaux, les corbeaux du Destin,
Suivaient la Mort en long et funèbre cortège,
Sinistres invités d'un infâme festin...

Mais la Mort était ivre... et, son pas incertain
Butant un tertre, elle tomba, souillant la neige...
... Et pendant tout le jour, les corbeaux eurent faim !

Londres.

LA MORT ÉGARÉE

Qui va sans parler dans la nuit inerte ?
Qui marche sans bruit sur le pavé noir ?
Qui passe, si tard, dans l'ombre déserte,
Dans la nuit du vent et du désespoir?...

Les saules ont peur et les métairies
Sont pleines d'abois... Hulule un hibou...
C'est la Mort errante au long des prairies,
C'est la Mort qui rôde on ne sait pas où...

La Mort a perdu le chemin à suivre...
Au lointain lointain, une étoile d'or,
Est-ce une maison?... s'éveille et s'endort.

C'est un chaume seul. La lampe de cuivre,
— On heurte la porte... — a tenté le sort.
« Qui va dans la nuit? — C'est moi. — Qui? — La Mort

LA MORT INGRATE

Et la Mort est entrée, et la Mort s'est assise
Au coin de l'âtre, et comme elle avait faim,
Et que la table hospitalière était mise,
Elle a mangé du lard sur un croûton de pain.

Son squelette craquait à chacun de ses gestes,
Comme craque un fagot de bois longtemps séché,
Et quand pour la desserte il n'y eut plus de restes,
L'homme céda son lit, et la Mort fut coucher.

Or, de nuit, tout dormant, — l'homme avait une fille, Il
Et la fille vingt ans — la Mort, en mal d'amour,
Près d'elle s'étendit sur la couche tranquille...

Mais lorsque au lendemain, dès le lever du jour,
Le père s'éveillant voulut ouvrir la porte,
La porte était ouverte... et la fille était morte...

LE DEUIL DES CLOCHES

à A. Wilford.

Les ailes d'or des carillons
Ne bruissent plus dans les tourelles,
Dans les beffrois, dans les chapelles,
Musique éclose et papillons...
Les ailes d'or des carillons
Ont replié leur deuil sous elles...

Aux jours de fête et d'autrefois,
Courtrai-la-Ruche, Ypres-la-Veuve,
Gand-la-Princesse au bord du fleuve,
Bruges-la-Grave, en ses orfrois,
Aux jours de fête et d'autrefois
Tumultuaient en liesse neuve.

Ding dong, ding dong... les ailes d'or
Ne bruissent plus, le ciel immense,
Le ciel de Flandre est en navrance...
Quand donc, pour reprendre l'essor,
Quand donc, les cloches de silence,
Ouvrirez-vous vos ailes d'or ?

L'AVEUGLE

Hôpital de l'Océan. La Panne.

La Mort avait crevé d'un grand coup de poignard
Le soleil qui vivait au fond de sa prunelle,
Et l'homme était aveugle, et la nuit éternelle
Immensément stagnait dans ses yeux sans regard.

Mais l'homme était joyeux d'espoir, presque bavard.
Il supputait déjà l'heure tant attendue
Où les mornes rideaux qui dérobaient sa vue
Tomberaient devant lui comme un vain cauchemar...

Combien ce serait doux de revoir la lumière
Qui chante, le ciel pur, si pur qu'il lui semblait
Un manteau virginal dont on le vêtirait...

« Combien ce serait bon, bonne Sœur infirmière ! »
Hélas ! la bonne Sœur en silence pleurait,
Et *lui* ne savait rien de ce qu'*elle* savait !...

DITES...

Pour une infirmière.

Dites, d'avoir frôlé chaque jour et chaque heure
Le mal dans ce qu'il a de plus horrible à voir,
Et ne connaître rien que ce qui souffre et pleure,
Dites, votre Idéal n'est-il pas triste et noir ?

La nuit, des papillons aux ailes ténébreuses
Ne reviennent-ils point en vos rêves épars
Raviver la vision des choses douloureuses,
Dont vous avez vécu déjà les cauchemars ?

10

Dites, où cherchez-vous ce que je cherche à dire,
La bonté d'être bonne, et l'exquise douceur
De faire croire à tous un semblant de bonheur...

Le poète vous chante, et l'homme vous admire...
Au poète donnez l'aumône d'un sourire,
A l'homme, le secret qui le rendra meilleur !

LA CHAPELLE SAINTE-ÉLISABETH

Hôpital de l'Océan. La Panne.

A Louis Gilmont.

O l'ineffable paix de cette humble chapelle,
Là-bas, au seuil des flots et de l'horizon noir,
Dressant sous le ciel lourd de Flandre son espoir,
Tout l'espoir obstiné de la Flandre éternelle...

Une cloche tictinte au fond de la tourelle,
Et, sous la nef déserte où s'embrume le soir,
Des volutes de rêves bleus et d'encensoir
Éparpillent dans l'air leur douceur fraternelle...

Goutte de sang vermeil qui brûle, une veilleuse
Devant le tabernacle aux gothiques émaux
Diffuse la clarté de son âme songeuse,

Et, je ne sais pourquoi, — symbole des flambeaux ? —
En elle j'ai cru voir ma Flandre douloureuse
Illuminer d'amour le deuil de ses tombeaux !...

PROFIL D'INFIRMIÈRE

Hôpital de l'Océan. La Panne.

Je l'ai vu se pencher, ce fin profil d'ivoire,
Au modelé si pur qu'il semblait irréel,
Je l'ai vu se pencher, presque immatériel,
Vers cette couche blanche et cette chose noire.

L'homme — un enfant — râlait ; l'infirmière à genoux
Suivait la marche lente et tragique des ombres,
Mais lui, le grand vaincu de leurs batailles sombres,
Semblait sourire à quelque rêve exquis et doux.

O ce regard lointain qui demandait asile
Dans un regard ami qu'il sentait se poser
Sur son front, ineffablement, comme un baiser ;

O ce regard suprême... et cet ange immobile
Aux portes du mystère et de l'éternité,
Pour embellir la mort d'un peu de sa beauté...

LES MORTES

Dixmude, Ypres, Nieuport, joyaux dont se parait,
Aux jours heureux, la mère Flandre,
Villes où le passé mystérieux semblait
Moins distant de nous et plus tendre ;

Avec vos carrefours de silence, et la paix
De vos pignons semblant attendre
Le Rêve pour prêter au Rêve, s'il venait,
Leurs escaliers d'ombre et de cendre...

Où sont vos toits penchés comme d'anciens visages,
Et l'exquise douceur des calmes béguinages,
Dixmude, Ypres, Nieuport, où sont vos lourds beffrois,

Vos cloches qui chantaient les chansons d'autrefois ?
La Mère Flandre pleure, et les bises sauvages
M'ont apporté ce soir quels râles dans leurs voix ?...

Londres.

LES BLÉS DE FLANDRE

Sur l'infini des matins calmes,
Les blés nouveaux
Houlent au vent comme des palmes.
Les blés sont beaux.

Chevauchés d'or et de lumière,
Éblouissants,
Ils dominent la plaine entière.
Les blés sont grands.

Dans le sol dur qui se calcine
Du cœur des morts,
Toute leur âme a pris racine.
Les blés sont forts.

Les blés sont beaux dans l'aube tendre,
Les blés sont grands au seuil des flots,
Les blés sont forts... les blés de Flandre
Ont bu le sang de nos héros !

LE MOULIN NOIR

Là-bas, au lointain loin qui s'embrume, là-bas,
Au seuil des gouffres noirs de l'Invisible, où sombre
La funèbre beauté du soleil en trépas,
Un vieux moulin surgi semble moudre de l'ombre.

Par les plaines de deuil et l'immensité morne,
Avec des gestes fous il barre l'horizon,
Et le soir et la peur et la bise qui corne
Impitoyablement s'acharnent sur son front.

Mais le moulin farouche aux larges bras de toiles.
Bataille avec le vent, et son âpre vouloir
Se cabre en sa carcasse et bondit en ses moelles ;

Et défiant la peur qui gronde dans ses voiles
Après avoir broyé toute l'ombre et le soir,
Il s'obstine à tourner pour moudre des étoiles !...

L'AGONIE DE FURNES

Le vent du boulet a passé sur Furnes
Comme un ouragan d'enfer,
Et dans la ville taciturne
C'est le silence et c'est l'hiver.
Pierre par pierre
Les barbares venus du Nord
En ont fait un cimetière
De souvenirs et de poussière,
Pour y coucher le Passé mort.

. . . .
Les chouettes et les corbeaux
Pourront nicher dans les tombeaux...

. . . .

Un soir, sous le ciel gris, les tours aïeules
Sont restées seules.
Par les routes de Flandre et de péril,
Où la peur chemine et la faim rôde,
Elles ont vu passer le douloureux exode
De ceux qui partaient en exil.
Et d'avoir souffert tant de souffrance,
Leur pauvre cœur usé
S'est brisé
Avec le dernier glas des cloches de navrance.

. . . .
Les chouettes et les corbeaux
Ont hululé sur les tombeaux...

. . . .

Le vent de la Mort, de son aile noire,
A frôlé la ville en son long sommeil,
Et je vois du sang limpide et vermeil

Sur les derniers feuillets de son Histoire...
O vous, les disparus, qui fîtes l'avenir,
Lorsque dans les ténèbres
Sa clameur secoua votre âme et vos vertèbres,
Saviez-vous que pour vivre il fallait tant mourir?

. . . .

Les chouettes et les corbeaux
N'ont plus vu rien que des tombeaux...

LA CHAPELLE DANS LES DUNES

Dans les dunes, là-bas, au seuil de l'horizon
Qui recule la Flandre et qui fait plus profond
Le Rêve, une chapelle, à mante blanche et rose,
Comme un oiseau de mer sur le sable, repose.

Au loin elle regarde, et ses yeux de douleur
N'ont plus vu les clochers dont elle était la sœur,
Car Nieuport, et Caeskerke, et Dixmude, et Pervyse,
Sont mortes, et le froid a pris leur cendre grise.

Elle est seule, très seule et grave, infiniment,

Et les jours sont sans fin, et sans fin est le vent,

Et sans fin les sanglots de sa vaine navrance...

Mais dans le deuil du chœur une goutte de sang,

Lampe du tabernacle et lampe d'espérance

Comme la Flandre et nous, s'obstine, immensément...

UN BEFFROI

Bruges.

Dans la rouge splendeur des querelles tragiques,
Les communiers de Flandre érigèrent tout droit,
Pour affirmer au ciel leur puissance et leur droit,
Ce bloc pétrifié de forces basaltiques.

Par delà l'horizon, par delà les lointains,
Ses yeux de vigilance embrassaient l'étendue,
Et l'âme du pays entier, fruste et têtue,
Il la sentait bouger et vivre entre ses mains.

Autour de lui, la ville avec ses maisons grises
Et ses canaux et ses couvents et ses églises,
Forte de son orgueil immense, se pressait,

Et, sur elle étendant son geste hiératique,
Le Beffroi dans l'aurore et le soir surgissait,
Tel le défi royal de la plèbe héroïque !

PAYSAGE DE FLANDRE

De l'eau... de l'eau toujours... encor... et puis encor,
On dirait un lointain aux reflets métalliques
Où l'argent et la moire et les gris maléfiques
Stagnent dans le silence énorme du décor.

Quelques saules tordus, ravagés, héroïques,
Crispent vers le ciel lourd leur angoisse sans fin,
Et, dans l'immensité blafarde du matin,
Semblent de grands martyrs, en des poses tragiques.

Là-bas, quelques maisons, sans fenêtres, sans toit,
S'obstinent à survivre, on ne sait pas pourquoi
Ni comment, dans la plaine aux horizons funèbres,

Dans la plaine déserte où seul le vent du nord
Passe dans les brouillards, l'horreur et les ténèbres,
Sonnant sa corne d'ombre et chevauchant la Mort...

LES CLOCHES DE FLANDRE

à Paul Kochs.

Combien de clochers et combien d'églises
La nuit de Noël ne chanteront plus,
Dites, ma douleur, combien se sont tus,
En Flandre là-bas, dans les heures grises,
Combien de clochers et combien d'églises?...

Les clairs carillons des cloches joyeuses
Sur les champs de neige essaimaient leurs voix :
« Qu'advienne la Paix ! » disaient autrefois,
En terre de Flandre aux vertus heureuses,
Les clairs carillons des cloches joyeuses.

Mais où sont les tours, où sont les tourelles ?...
La campagne est vide, et l'on ne voit rien
Que de tombeaux noirs, combien, ô combien,
Que des tombeaux noirs et des croix nouvelles !
Mais où sont les tours, où sont les tourelles ?...

Elles dominaient l'horizon de Flandre :
Dixmude-la-Sombre, où stagne la Mort,
Pervyse-la-Veuve, et Furne et Nieuport,
Et tout le pays qui n'est plus que cendre...
Elles dominaient l'horizon de Flandre !

Qu'advienne la Paix, ont chanté les cloches.
Où chantaient ces voix, ce n'est plus chez nous ?
« Noël ! Christ est né ! La Paix soit sur Vous,
« Sur Vous, les très bons et les sans reproches... »

. . . .

Flandre, c'est au ciel qu'ont chanté tes cloches !

SUR LA ROUTE...

Près du chemin et du ruisseau,
Près du chemin au bord de l'eau,
Où sur la branche d'un bouleau
S'immobilise un noir corbeau,
Près du chemin et de la route,
Où va le vent, où va le doute,
Où va l'angoisse, où va la peur,
Où vont le soir et la douleur,

Près du chemin et de l'eau verte,
Près de la nuit quelqu'un inerte,
Quelqu'un est étendu sanglant...
Où va le soir? Où va le vent?...

Sur le chemin, sur la chaussée,
Une âme serait donc passée?...
La pauvre chose délaissée,
Sur ce talus d'herbe froissée,
Est pauvre chose intensément !
Dites, a-t-on passé vraiment?
Je ne crois rien, j'ai peur de croire,
Qu'on soit venu dans l'ombre noire,
Dans l'ombre et le long du ruisseau :
Près du chemin au bord de l'eau,
Toujours, toujours sur le bouleau
S'immobilise le corbeau...

Par le chemin et par le vent,
Par la campagne immensément,
Un pas sans bruit, un pas errant...
— Qui vient si tard, qui vient si lent?...
Qui vient? — J'entends dans les rafales
Des voix...? Mais non, ce sont des râles !

— Quelqu'un?... — Où donc est ce corbeau?...
Le corbeau noir, près du ruisseau,
A pris son vol... L'enfant frissonne,
Et, pour l'aider mourir, personne,
Personne, rien qu'un vieux bouleau
Qui tremble, tremble, au bord de l'eau...

LES FAUVES

Suivant un dessin de James Thiriar,
à qui ce poème en souvenir de guerre.

Dans la campagne et dans le soir,
Chemine un vague troupeau noir.

Sous les fouets cinglants des bises en démence,
Deux par deux, trois par trois, encadrés de lignards,
Ils vont déguenillés, livides et hagards,
Et leurs bottes sonnant sur la terre, en cadence.

Dans la campagne et dans le soir,
Chemine un vague troupeau noir.

La Peur, plus haute encor que la Désespérance,
Sur leurs fronts ravagés met ses masques blafards,
On dirait voir passer de sinistres bagnards,
Ployés sous le fardeau de quelque crime immense.

Dans la campagne et dans le soir,
D'où viennent ceux du troupeau noir?

Ils viennent de là-bas, des mornes métairies
Qui croûlent, de là-bas la Flandre des tombeaux
Et des hommes fauchés, comme blés en prairies...

De là-bas, où le Crime, ouvrant ses ailes sombres,
Couvre d'horreur immense un vol lourd de corbeaux
Qui charognent, claquant du bec, dans les décombres...

. . . .

Sur les chemins maudits, sur les chemins sanglants,
Ont passé les Tueurs de femmes et d'enfants !

LA FLANDRE VIVANTE

« Elle est morte la Flandre,
« Elle est morte tragique ! »
(Redwood-Anderson.)

On a rasé nos villes grises,
Ypres, Dixmude, orgueils d'antan !
Qu'importent les dures mainmises
Sur nos beffrois et nos églises,
Si l'horizon devient plus grand !

On a creusé des tombes neuves
Dans les sillons du sol flamand !
Qu'importent les tombeaux d'épreuves,
Où vont pleurer les mornes veuves,
Si le Pays en sort vivant !

On a pétri le sol de Flandre,
De tant de haine et de tourment,
Qu'il semble, sous son ciel de cendre,
Pour la vengeance proche, entendre
Sonner tous les tocsins du vent !

Non, non, la Flandre n'est pas morte,
La vîtes-vous jamais mourir !
Elle est debout, la Flandre est forte :
Ruine, douleurs et deuils, qu'importe,
C'est la rançon de l'Avenir !.....

10 juillet 1915. Londres.

LA RELÈVE DES TRAVAILLEURS

L'horizon est si noir qu'on n'en voit pas la fin.
Deux à deux nous allons par le même chemin.

Dans la nuit inconnue et pleine de mystère,
Deux à deux nous allons, longue file sévère.

Les peupliers tordus, les saules attristés
Ouvrent sur nous les yeux de leurs curiosités,

Et demandent entre eux, mystère, qui nous sommes,
Ou des divinités, ou des fantômes d'hommes...

L'horizon est si noir qu'on n'en voit pas la fin,
Et nous ne savons pas où mène le chemin...

Roosdamme.

LA FUSÉE

à Herman Courtens.

Le ciel est noir comme un corbeau,
On ne voit rien, pas même l'eau
Qui stagne dans les mares sombres,
Le long des routes et des ombres.

Sur le pavé gras et luisant,
Tombe la pluie en clapotant,
Tombe la pluie en trame fine,
La pluie amère qui s'obstine.

Et, fors la pluie et fors le vent,
Tout est silence immensément...
Soudain une étoile s'éveille,

S'éveille et soudain disparaît...
La nuit retombe comme un dais,
Mais là, dans la tranchée, on veille!

Roosdamme. Un jour de pluie.

MARCHE HÉROÏQUE

———

A ceux de l'Yser innombrable.

Sur le pavé gras
Ont tinté des pas ?...
— C'est nous qui passons par le vent et l'ombre,
Et nous ignorons quel est notre nombre.

Sur le pavé lourd
Pleure l'écho sourd
Des bottes de plomb, martelant les pierres ?...
— Nous allons, là-bas, vers les fondrières.

Sur le pavé noir
Monte un chant d'espoir ?...
— C'est nous, les héros des combats célèbres,
C'est nous qui chantons au cœur des ténèbres.

Sur le pavé dur
Claironne l'azur...
— Hardi, clairon d'or, sonne la Victoire,
C'est nous qui venons. — Qui vous ? — C'est la Gloire! ǝ

LE TOCSIN

Des poings de Peur, des poings là-bas,
Cognent les cloches en tourmente,
Et le clocher, du haut en bas,
N'est plus qu'un frisson d'épouvante.
Des poings de Peur exorbitante
Battent le bronze à tour de bras !

Dans la campagne échevelée,
L'ouragan roule avec le soir,
Nuée encor après nuée,
Tant de clameurs de désespoir
Qu'il semble au ciel lugubre et noir
Que la Folie est déchaînée !

Avec des sauts, avec des bonds,
Avec des heurts cassés en râles
Aux pierres des auvents profonds,
Sur l'infini des chaumes pâles
Tombent en grêles de rafales
Des cris d'alarme aux horizons !

C'est le Tocsin qui se déchaîne,
Tout le Tocsin. Au loin, au loin,
Vers les limites de la plaine
S'embrase une meule de foin,
Encore une meule de moins,
S'embrase une gerbaude pleine.

Claquant des dents, bardés de froid,
Spectres surgis au seuil des portes,
Dans les ténèbres et l'effroi
Les pauvres vieilles presque mortes,
Sentant passer plus qu'elles fortes
Des destinances et des voix,

Les vieux, les vieilles du village,
Regardent houler tout à coup
Ce brasier d'or vivant qui rage,
Ce brasier d'or vivant qui bout,
Et que les cloches coup sur coup
Hallucinent de Peur sauvage.

A qui la meule dans la nuit,
Et cette flamme qui s'éploie
Comme une aurore de minuit
Sur la campagne, et mange et broie
Entre ses dents la rouge joie?...
A qui le sort, la meule à qui?...

Là-haut les cloches forcenées
Ne savent rien, ne savent pas,
Les cloches n'ont plus de pensées,
Et sonnent, en des branle-bas
D'horreur funèbre et de trépas,
Leurs affolances obstinées.

Avec des bonds et des chocs lourds,
Avec des heurts, les cloches toutes,
Cognant aux murs des alentours
L'immensité de leurs déroutes,
— Les gens reviennent sur les routes... —
Hurlent encor, hurlent toujours !

DANSE MACABRE

à Léon Jongen.

Au Carnaval du Mardi-Gras,
La Mort ce soir marque le pas.

La Mort ce soir mène la danse,
Qui tourne et meurt et recommence.

Au Carnaval du Mardi-Gras,
La Mort ce soir marque le pas.

Et gai la Mort, et gai le masque,
Et le cortège qui fantasque,

Au Carnaval du Mardi-Gras,
Avec la Mort marquant le pas.

D'avoir trop bu la Mort est soûle,
Et la Mort tangue et la Mort roule,

Au Carnaval du Mardi-Gras,
Avec un fossoyeur au bras.

O cette valse chavirante,
Dans les brouillards de l'Épouvante,

Ce Carnaval de Mardi-Gras,
Et ces cloches sonnant des glas.

Et cette neige mortuaire,
Qui tombe, tombe en long suaire,

Au Carnaval du Mardi-Gras,
En Flandre, Flandre tout là-bas...

Et gai la Mort, et gai la fête,
Dans l'ombre un menuisier apprête,

Au Carnaval du Mardi-Gras,
Des cercueils noirs pour les trépas !

Mardi-Gras 1916.

BERCEUSE TRISTE

Dodo, l'enfant! l'enfant, dodo!
Petit Papa viendra bientôt...

Au coin du feu, triste et dolente,
Au coin du feu la maman chante.

Dodo, l'enfant! l'enfant, dodo!
Mais la chanson est un sanglot...

Dehors la pluie et ses élytres
Viennent cogner au noir des vitres.

Dodo, l'enfant ! l'enfant, dodo !
La bise est froide et le lit chaud.

Sur les chenêts la cendre blanche,
La cendre blanche s'avalanche.

Dodo, l'enfant ! l'enfant, dodo !
Mettons dans l'âtre un grand fagot.

Au coin du feu, triste et câline,
Toujours, toujours la voix s'obstine.

Dodo, l'enfant ! l'enfant, dodo !...
Et l'enfant dort dans son berceau.

. . . .

Hélas ! hélas ! près la tranchée,
Vite une fosse fut creusée !...

. . . .

Dodo, l'enfant!... le chant s'est tu...
Petit Papa ne viendra plus !

LE FOSSOYEUR

à Médard Maertens.

Le fossoyeur a descendu
Dans un trou plein d'ombre stagnante,
Dans le trou noir de l'épouvante,
Rigide et froid un cercueil nu...
Dans le trou noir de l'épouvante,
Un lourd cercueil nouveau venu.

A coups de pelle, à coups de bêche,
Il a comblé le grand trou noir
De larmes et de désespoir,
Et de terre pesante et rêche,
A coups de pelle et de vouloir
Combler là cette tombe fraîche.

Les gens, on ne sait d'où sortis,
De quels hameaux, de quels villages,
De quels lugubres paysages
Là-bas aux horizons proscrits,
Les gens, on ne sait d'où sortis,
Le mort couché, sont repartis.

Avec le mort dans la poussière,
Dans le jardin de la douleur
Est resté seul le fossoyeur,
Avec le mort, avec la bière,
Dans le jardin de la douleur,
Dans le jardin du cimetière.

Mais comme il avait temps encor,
Et que les cloches de misère
Sonnaient un glas crépusculaire,
L'homme fit un nouvel effort
Et se remit bêcher la terre,
Pour enterrer un autre mort !...

SYMPHONIE D'AUTOMNE

Les feuilles tombent en vol roux,
Et l'humus noir fermente et bout,
Et l'aigre bise de l'automne
A travers bois siffle et détonne...
Les feuilles chutent en vol mou,
Et vont mourir on ne sait où...

Au ciel des corbeaux croassants
Cheminent à coups d'ailes lents,
Ils vont par l'ombre et les ténèbres,
Là-bas, vers les plaines funèbres,
Les corbeaux lourds et croassants,
Où table est mise dans les champs...

13

Les feuilles tombent... les corbeaux
Sont envolés en longs troupeaux
Par au-delà la forêt grise...
Tombent les feuilles sous la bise,
Les feuilles pâles des bouleaux
Et vont mourir sur des tombeaux...

LE CLOCHER

à Gabry Ysaye   Lampernisse.

Un clocher, là, depuis toujours
Défiait la ruine et les jours,
Et dans la plaine immense, immense,
Comme un poteau de vigilance,
Un clocher, là, depuis toujours
D'ombre couvrait les autres tours.

Au matin clair des jours de fête
Son coq plus haut levait la crête,
Et quand sonnaient ses cloches d'or,
Tant fort sonnaient ses cloches fort,
Au matin clair des jours de fête,
Qu'à toutes elles tenaient tête !

Dites, où donc ce clocher-là,
Qu'on ne voit plus, qu'on ne voit pas,
Où donc est-il par la campagne ?
A l'horizon un grand trou stagne...
Ce clocher gris, ces cloches-là,
Pourquoi sont-ils absents là-bas ?...

Un coup de rage, un coup de haine,
Dans le silence et dans la plaine,
Comme un très vieux l'ont étendu,
Et le cœur des cloches s'est tu...
Un coup d'orage, un coup de haine,
Cassant en deux sa force vaine !

Mais sur les ruines et la mort,
En un ultime et dur effort,
Dans le grand deuil des pierres froides
Ayant crispé ses ergots roides,
Flandre, défi suprême au sort,
Son coq s'obstine et chante encor !

PENSERS

Ce soir d'hiver je pense aux morts ;
Aux morts, qui donc y pense encor ?
Ils sont dans quelque cimetière,
Vêtus de cendre et de poussière,
Et dorment du sommeil d'oubli
Dans le grand lit de l'infini.

Sont-ils très morts, tous ces morts-là,
Dont nul ici, dont nul là-bas
Ne se souvient, ne se rappelle,
En remembrance fraternelle?
Dites, ces morts, le savez-vous,
Ont-ils été vivants chez nous?...

Ce soir d'hiver funèbre et lent,
Avec la neige, avec le vent,
Avec les ombres sépulcrales,
Il semble que j'entends des râles,
Des râles qui viennent mourir
Au seuil glacé du souvenir...

Mon âme, il semble que je vois
Les bras tendus des croix de bois,
Ces bras lugubres et tragiques,
Te désigner, hiératiques,
Avec au bout de leurs dix doigts
Toutes les peurs et les effrois !

Étrangement, près du vieux puits,
Quel est ce bruit, toujours ce bruit?
On dirait des marteaux funèbres
Cognant des planches de ténèbres...
Sans doute pour un nouveau deuil
On doit clouer quelque cercueil...

Et cette lune au front blafard,
Qui roule dans le ciel hagard,
Est-ce un vieux crâne qui voyage
Sur la brouette d'un nuage,
Et cette lune, est-ce un front mort
Ou le visage d'un remord...

Ce soir d'hiver cadavéreux,
Ce soir d'hiver, je pense à ceux
Qui ne sont plus qu'un peu de terre,
Qu'un peu de terre et de naguère,
Ce soir d'hiver, je pense à ceux
Dont je voudrais être le frère...

TABLE DES MATIÈRES

LA FLANDRE ROUGE.

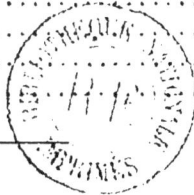

Imprimerie E. Aubin

Ligugé (Vienne)